AF595707

ESSAI D'ÉTUDE ANTHROPOLOGIQUE

SUR

V. HUGO

PAR

G. PAPILLAULT

Extrait de la *Revue de Psychiatrie*
FÉVRIER 1898

CLERMONT (OISE)
IMPRIMERIE DAIX FRÈRES
3, PLACE SAINT-ANDRÉ, 3
—
1898

ESSAI D'ÉTUDE ANTHROPOLOGIQUE

SUR

V. HUGO

PAR

G. PAPILLAULT

Extrait de la *Revue de Psychiatrie*

FÉVRIER 1898

CLERMONT (OISE)

IMPRIMERIE DAIX FRÈRES

3, PLACE SAINT-ANDRÉ, 3

1898

ESSAI D'ÉTUDE ANTHROPOLOGIQUE

SUR V. HUGO

PAR

G. PAPILLAULT

I

On a pu regretter qu'un respect exagéré et presque superstitieux ait empêché de faire l'autopsie de V. Hugo. De sorte que nous ne connaissons à peu près rien sur les caractères physiques et en particulier sur le poids encéphalique de cette puissante personnalité. C'est d'autant plus regrettable que des légendes ont pris naissance pendant qu'il vivait encore et ont été grandissant depuis sa mort, légendes qu'il s'est bien gardé de détruire à leur origine. Son « front génial » surtout était un objet d'admiration, qu'exagèrent encore certains statuaires, moins épris de vérité que soucieux de traduire le sentiment général, source précieuse des applaudissements.

On sait au contraire avec quelle conscience M. Dalou reproduit ses personnages, exactitude qui, loin de nuire à son art, est la condition première de cette impression hautement esthétique de vie intense qu'on éprouve devant ses œuvres. C'est sans aucun doute à cet amour du vrai, à cette recherche de documents sûrs pour ses travaux, que je dois d'avoir trouvé chez lui un moulage exact de la tête de V. Hugo, pris vingt-quatre heures après la mort du poète. Avec l'obligeance qui lui est coutumière, M. Dalou m'a permis de relever les observations qui vont suivre.

Le moulage a été pris le plus complètement possible ; non seulement la face, mais le cou, et le crâne presque tout entier sont reproduits. Il ne manque à ce dernier que la partie la plus reculée de la nuque, bien en arrière des bosses pariétales. Si l'on tient compte de la diminution rapide, à ce niveau, de la largeur cranienne, qu'il est facile de constater sur le plâtre, on doit supposer que la région qui fait défaut n'avait pas un grand développement et cette opinion est confirmée par certaines photographies de trois-quarts, et enfin par les médailles où V. Hugo est représenté en profil. Nous pourrons donc nous faire une idée approximative de la capacité cranienne du poète, suffisante à établir, par exemple, s'il avait un cerveau petit, moyen ou très gros.

Le diamètre antéro-postérieur maximum ne pouvait donc pas être relevé d'une façon précise ; mais, d'après ce que je viens de dire, je ne le crois pas supérieur à la moyenne. Le diamètre transverse maximum est compris dans les limites de 158 mm. à 160 mm. Or 57 sujets ont donné à M. E. Toulouse un diamètre de 158,1 (1), et 71 médecins mesurés par M. Manouvrier lui ont donné 160,2 (2).

La hauteur auriculo-bregmatique, mesurée directement en prenant l'oreille *gauche* comme point de repère, est de 131 mm. J'ai ensuite procédé d'une autre façon : j'ai glissé une feuille de papier sous le moulage et j'y ai projeté les deux trous auditifs et le point le plus saillant du sinciput ; la distance qui le séparait de l'axe des trous auditifs était de 135. La calvitie rendait ces deux mesures très précises. Assez souvent elles peuvent être égales : elles diffèrent ici, d'abord parce que la tête était fléchie en avant ; ensuite parce que le crâne se relève réellement un peu en arrière du bregma ; enfin parce que l'oreille gauche, par suite d'une asymétrie générale de la tête, est très probablement placée un peu plus haut que la droite. Les mêmes savants ayant trouvé une moyenne de 134 mm., notre hauteur se trouve inférieure, car elle se rapproche certainement plus de 131 que de 135 mm.

La régularité des courbes craniennes bien arrondies compensait peut-être l'infériorité de ce diamètre ; on peut donc conclure que V. Hugo n'avait pas un cerveau inférieure à la moyenne, mais on peut affirmer que, s'il la dépassait, c'était d'une minime quantité.

Voici les autres dimensions que j'ai pu mesurer :

Distance entre les deux bosses frontales...	64
Diamètre frontal minimum..................	111
— bizygomatique...................	146
Distance entre les deux yeux.............	31
Largeur du nez..........................	38
Hauteur du nez..........................	57,5
— ophryo-buccale.....................	101
— naso-buccale......................	83
Largeur de l'aile du nez................	35

Toutes les dimensions en largeur sont supérieures à la moyenne. En effet, sur 35 crânes parisiens j'ai trouvé un diamètre bizygomatique de 129,7 et 136 mm. sur un même nombre de cadavres provenant des hôpitaux de Paris. Cet excès de 1 cm. dans la largeur de la face a entraîné un accroissement correspondant dans le diamètre

(1) *Enquête médico-psychologique ; Emile Zola*, 1896, p. 93.
(2) *Bulletin de la Société d'anthropologie*, 1892, p. 217.

frontal minimum, qui atteint 110 mm.,alors que je n'ai trouvé que 100,2 sur mes cadavres, et 96,4 sur les crânes parisiens. Remarquons que ces deux moyennes sont équivalentes, car leur écart de 4 mm. en faveur des cadavres représente chez ces derniers l'épaisseur des parties molles qui recouvrent les crêtes temporales ; j'ai pu m'en assurer en procédant des deux façons sur un même sujet.

La face présente une apparence massive qui répond bien à ces chiffres ; au contraire, la distance des deux bosses frontales n'est supérieure que de 3 mm. au chiffre de 61,2 que j'ai trouvé dans l'une et l'autre des deux séries que j'indique plus haut. Le rapport entre ce diamètre et le frontal minimum serait donc chez V. Hugo inférieur à la moyenne. On pourrait en dire autant si on comparait au diamètre bizygomatique ce même diamètre bi-tubéral ou encore le transverse maximum.

On peut résumer ces faits de la manière suivante : Le cerveau de V. Hugo était d'un volume moyen, ou très peu au-dessus de la moyenne ; son développement, comparé à celui de la face, parait être au-dessous de la moyenne. On aurait très probablement trouvé un résultat analogue si on avait pu le comparer au développement général du corps.

Quelques caractères, d'une importance bien moindre, sont cependant dignes d'être notés. Le front présente une inclinaison moyenne, avec une glabelle assez forte ; ses parties latérales sont renflées et complètement découvertes. la calvitie ayant été assez précoce en cette région. La région frontale paraissait ainsi d'autant plus développée qu'elle empiétait sur les régions voisines. On s'expliquera encore mieux la légende du « front génial » si l'on songe que dans toutes les photographies qui sont répandues dans le public, le poète inclinait la tête en avant ; cette pose plaçait le front en pleine lumière aux dépens de la face, et de plus donnait à l'ensemble un aspect de « songeur » qui devait particulièrement plaire à V. Hugo. Le nez est épais, les lèvres assez fortes ; il est facile de constater une asymétrie générale de la face. La bosse frontale droite est notablement plus saillante que la gauche, le nez et la partie antérieure du visage sont comme penchés à droite, de sorte que l'oreille et l'arcade zygomatique gauches semblent plus saillantes, plus détachées de la tête. Je note ces derniers caractères pour être complet, sans y attacher aucune importance physiologique.

Il en va tout autrement pour la capacité cérébrale. Je ne m'étendrai pas sur les relations étroites que l'on constate entre le développement du cerveau et celui de l'intelligence ; elles seraient admises universellement, comme toutes celles qui lient un organe à sa principale fonction, si la superstition spiritualiste ne persistait à obscurcir la question ; M. Manouvrier en a donné une démonstration définitive, et je renvoie à son mémoire sur l'interprétation de la quantité dans l'encéphale (1). Je rappellerai seulement

(1) Mémoire de la Société d'anthropologie, 1883.

que les pesées de 44 cerveaux d'hommes célèbres ont donné une moyenne présentant un excès de 140 gr. sur celle des Parisiens quelconques ; et encore six cerveaux énormes dont le poids est compris entre 1700 et 2238 gr. sont-ils écartés de cette série. Or nous avons vu plus haut que le cerveau de V. Hugo ne pouvait guère dépasser la moyenne. Comment ce fait est-il conciliable avec la loi générale que nous venons d'exposer ?

Il est vrai que ce n'est pas là l'unique facteur du développement cérébral ; il faut compter la masse active de l'organisme dont les variations entraînent des variations correspondantes dans le poids du cerveau. Mais par ce côté V. Hugo était loin d'être un faible. Sa taille était au moins égale à la moyenne. Il était trapu et carré d'épaules, d'après Mabilleau (1) auquel j'emprunte la plupart des détails suivants. Nous avons vu plus haut les dimensions de sa face qui était forte, massive même. Or Nisard trouvait au bas de sa figure un caractère d'animalité très prononcé. La face et le reste du corps étaient donc en harmonie. « Il dut s'astreindre, dit Mabilleau, à des exercices violents et continus pour échapper aux dangers de la pléthore, car chez lui le trait dominant était un tempérament sanguin. » Sa santé robuste lui permettait, même à un âge avancé, d'affronter, peu couvert, les températures les plus rigoureuses. Le poil de sa barbe était le triple d'un autre, et ébréchait tous les rasoirs, affirme Sainte-Beuve, qui lui reconnaissait aussi « des dents de loup cervier, capables de casser des noyaux de pêche ».

Ses appétits étaient en rapport avec cet organisme puissant. Sans tenter une énumération qui exigerait des détails trop intimes sur sa vie privée, nous pouvons du moins rappeler que sa voracité a frappé tous ceux qui se sont assis à sa table, et ce formidable besoin s'est maintenu jusqu'à la plus extrême vieillesse.

Quoique les détails précédents ne présentent pas la rigueur qui serait désirable (ce qui prouve une fois de plus l'utilité de l'enquête faite par le Dr Toulouse), on peut cependant en tirer quelques conclusions intéressantes :

Par suite de la corrélation qui existe entre les parties d'un même système, le crâne était probablement épais ; nos mesures comprennent évidemment cet excès d'épaisseur qui serait à défalquer du cerveau.

Le substratum cérébral qui varie avec le développement de l'organisme devait être supérieur à la moyenne, aussi bien dans ses parties en rapport avec la force musculaire que dans celles qui sont en rapport avec les besoins organiques : on sait toute l'importance psychologique du rapport i/m que M. Manouvrier a établi en représentant par m ce substratum cérébral dont nous venons de parler, le terme i étant le reste du cerveau indépendant de la masse organique. Il nous est impossible d'évaluer d'une façon précise les termes i et m ; mais après les considérations précédentes, nous

(1) V. Hugo, par Léopold Mabilleau. Collection Hachette.

nous croyons parfaitement autorisés à affirmer que dans ce rapport *i/m* le terme *m* avait chez V. Hugo une importance prépondérante. C'est là un fait dont nous verrons plus loin la portée considérable.

Nous pouvons donc, en résumé, établir cette formule biologique approximative de V. Hugo : *un cerveau à peu près moyen, chez lequel les représentations organiques et appétitives sont prépondérantes, servi par un tempérament extrêmement vigoureux.*

II

En face de cette formule se dresse l'œuvre touffue, énorme du poète ; comment ceci a-t-il pu être créé par cela ? Entre l'organe et le travail intellectuel accompli ne semble-t-il pas qu'il y ait une disproportion, comme une dernière antithèse (pour rappeler une figure chère à l'écrivain) qu'il poserait devant la science et qu'il nous faut essayer de résoudre.

Cette antithèse, comme toutes celles d'ailleurs qui se dressent devant l'esprit, nous paraît irréductible parce que nous n'en connaissons pas suffisamment les deux termes. Nous ignorons non seulement la structure, mais la forme du cerveau, c'est-à-dire le développement relatif de ses parties. L'œuvre nécessite peut-être seulement quelques aptitudes spéciales dont l'exercice entraînerait un développement localisé dans l'organe central[1]. C'est par exemple ce qu'on a trouvé dans le cerveau de Gambetta. Le poids en était médiocre, mais le siège du langage articulé, le pied de la troisième circonvolution frontale gauche, était très volumineux.

D'un autre côté, on a mal dégagé la valeur psychologique de l'œuvre de V. Hugo ; des essais remarquables ont été tentés, et nous utiliserons largement leurs analyses ingénieuses. On a ainsi disséqué l'œuvre, on en a mis à nu les procédés, on en a fait ressortir les qualités et les défauts prédominants, la portée intellectuelle et morale ; mais on a généralement échoué quand on a abordé l'explication psychologique, quand il s'est agi de rattacher ces réalisations écrites aux aptitudes cérébrales qui en sont la cause et les expliquent.

L'expression poétique a des lois propres que l'on a confondues avec celles de la pensée même qu'elle exprime ; c'est surtout l'erreur d'Hennequin, qui, malgré ses prétentions scientifiques, a montré dans sa critique la psychologie la plus rudimentaire. D'autres, comme Mabilleau, dont l'analyse est cependant remarquable, ont voulu expliquer par une particularité sensorielle la nature des métaphores empruntées au monde visuel et qui reviennent le plus souvent sous la plume de V. Hugo, c'est rééditer une erreur que l'on avait commise à propos des anciens. Comme beaucoup de couleurs sont confondues dans leurs écrits sous un même terme, on en avait conclu que leur œil ne pouvait les distinguer, on avait oublié qu'entre le signe verbal et l'organe sensoriel il y a le cerveau qui analyse et compare, et doit bien être pris en considération. Enfin Renouvier, a consacré à V. Hugo tout un livre où les remarques profondes ne manquent pas, mais ses habitudes de métaphysicien idéaliste l'ont écarté de tout essai d'explication scientifique ; la psycho-physiologie n'existe pas pour lui.

Celle-ci nous apprend que toute expression extérieure d'un état psychique est la partie centrifuge d'un réflexe extrêmement compliqué, dont la partie centripète n'est autre que la formation même de cet état psychique. Tout travail humain est une somme de réflexes du même genre. L'œuvre esthétique rentre tout naturellement dans cette définition générale, mais elle se spécifie par certains caractères que Steinthal a fort bien exprimés dans la définition suivante que je lui emprunte: L'art est une pure représentation des états internes au moyen d'éléments sensoriels agréables.

Si cette définition ne s'applique pas à tous les cas, il s'en faut de bien peu. Elle possède du moins cette qualité primordiale de ne rien préjuger sur la nature des états internes, sur leur genèse, c'est-à-dire sur la partie centripète du réflexe dont nous parlions plus haut. C'est la partie centrifuge seule qui est spéciale, et qui distingue l'œuvre esthétique; toutes ses manifestations doivent être agréables aux sens du spectateur. C'est bien là l'unique condition qui soit absolument nécessaire. Si des sons plaisent à nos oreilles, si des couleurs ou des formes plaisent à nos yeux, nous éprouvons un sentiment esthétique, quoi que puissent exprimer ces sons, ces couleurs ou ces formes. Mais on conçoit qu'il y a dans la valeur esthétique d'une expression des degrés infinis qu'une définition générale ne peut rendre, degrés qui varient non seulement suivant que cette expression plaît plus ou moins à nos sens, mais encore suivant qu'elle s'harmonise plus ou moins avec tout l'ensemble de notre état affectif.

De même cette forme esthétique peut revêtir tous les états internes, depuis les plus émotionnels jusqu'aux plus abstraits ; le raisonnement le plus rigoureux, rendu seulement en termes adéquats, peut former une phrase qui, par sa clarté, l'ordre de ses idées, la parfaite propriété des mots, soit déjà l'origine d'un sentiment esthétique pouvant atteindre à l'admiration ; ce dernier, le plus souvent, se trouve cependant atténué et même annihilé dans des cas semblables par l'effort toujours pénible de la pensée analytique; il en est de même de la poésie didactique qui fatigue si rapidement, malgré tous les artifices d'une versification savante.

Il y a donc, aussi bien dans la nature des états internes, que dans celle des états sensoriels mis en œuvre par l'expression, des causes de supériorité ou d'infériorité esthétique sur lesquelles nous serons obligés d'insister ; mais là ne s'arrête pas notre tâche ; nos recherches doivent déborder le domaine purement esthétique, et puisque nous voulons découvrir les aptitudes cérébrales de V. Hugo, nous sommes bien forcés d'apprécier la valeur totale de son œuvre. Nous sommes ainsi conduits à examiner d'abord les états internes du poète à un double point de vue : Quelle était leur valeur intellectuelle, leur vérité, leur complexité en rapport avec celle des faits, leur portée, et, d'autre part, quelle était leur valeur esthétique ; possédaient-ils la forme, la qualité la plus apte à être rendue d'une façon poétique et quelle est cette qualité ? Dans une seconde partie, nous procéderons avec la même méthode à l'examen des moyens d'action que le poète a mis en œuvre pour exprimer ces états internes.

III

On sait les prétentions de V. Hugo au titre de penseur ; nul plus que lui ne s'est éloigné, du moins par ses intentions, de la théorie de l'art pour l'art. « Je fais mon devoir de flambeau », dit-il quelque part avec sa modestie ordinaire. De plus, on peut dire qu'il a abordé à peu près tous les sujets, et non pas avec des intentions de pur artiste ou de dilettante, mais avec l'intime conviction qu'il les avait pénétrés à fond, qu'il les connaissait mieux, par la toute-puissance de son génie, que les humbles spécialistes en ces matières diverses. On ne pourra donc pas imputer à un parti pris, à un dédain voulu, l'ignorance qu'il a montrée, et qui n'avait d'égale que son orgueil. Sur ce point tous les critiques sont d'accord, et Renouvier consacre tout un chapitre aux « absurdités » qu'on peut glaner dans ses œuvres ; et ce chapitre pourrait devenir facilement un volume. J'y relèverai seulement les trois phrases suivantes, à cause de leur prétention scientifique : « La canalisation de l'air par le vent est incontestable. » — « Newton a calculé qu'une comète met cent mille ans à se refroidir, de certains crimes énormes mettent plus de temps encore. » — Enfin cette conclusion d'une longue explication scientifique (?) des phénomènes maritimes par les effluves magnétiques, l'attraction capillaire, etc... « L'onde des effluves tantôt aide, tantôt contrarie l'onde des airs et l'onde des eaux ; qui ignore la loi électrique ignore la loi hydraulique, car l'une pénètre l'autre. Pas d'étude plus ardue, il est vrai, ni plus obscure ; elle touche à l'empirisme comme l'astronomie touche à l'astrologie. Sans cette étude pourtant pas de navigation. » J'en passe, et des meilleures ; mais il serait cruel d'insister.

Ses jugements sur les phénomènes sociaux présentent la même simplicité et lui ont attiré la boutade que l'on attribue à Taine : c'est un garde national en délire ; et il faut reconnaître qu'il n'a jamais dépassé les rêveries de 1848. Du travail énorme du siècle, de ses recherches sociologiques, des lois complexes qui lentement arrivaient à se dégager, un vague écho est venu jusqu'à lui, et ne lui a suggéré que quelques images plus éclatantes que justes, et c'est tout. Ses fameux discours politiques ne sont que des déclamations sonores.

Il serait facile de faire une critique analogue de son érudition, qu'il a tapageusement affichée, de sa métaphysique, car nul plus que lui n'a usé et abusé de ces termes vagues d'infini, d'absolu, de Dieu, etc., qui semblent avoir pour lui un singulier attrait : cette critique a été faite un peu partout, et Mabilleau, un admirateur pourtant, ne peut s'empêcher d'en reconnaître la justesse. « Veut-on prouver par là, dit-il, que Victor Hugo ne fut ni un historien, ni un psychologue, ni même un moraliste ? Ce n'est guère la peine de l'établir » (1). Et Renouvier ajoute : « Les poètes des temps primitifs ont été des éducateurs populaires, et ceux des époques de culture, au moins les grands, ont en général reçu la plus large instruction accessible à leur moment.... Il n'en fut pas de même de Victor Hugo (2). » Que nous voilà loin de l'idéal que M. Letourneau rêve pour un poète, sachant exploiter les grandes idées scientifiques : « Les idées maîtresses de la philosophie scientifique tiennent aux destinées mêmes de l'humanité ; non seulement elles prêtent à des images grandioses, mais il est très facile de les rattacher à notre impressionnabilité affective. Les quelques poètes qui ont su déjà revêtir d'un convenable vêtement poétique ces puissantes conceptions et les marier à des sentiments élevés, ont creé d'impérissables œuvres (3). « C'est très juste, mais encore faut-il avoir un cerveau capable de les comprendre.

Cependant on pourrait objecter que j'ai simplement prouvé l'ignorance du poète et que celle-ci pouvait tenir à son éducation, à son milieu, à toutes sortes de causes souvent difficiles à connaître et ne dépendant nullement de son intelligence. Tolstoï n'en est-il pas un exemple ? Ses incursions dans le domaine scientifique sont toujours malheureuses ; mais sa jeunesse explique facilement cette ignorance choquante, qui ne l'a pas empêché d'être un observateur profond dans la plupart de ses romans, et de donner à ses personnages un aspect vivant qui n'est en somme que la synthèse des observations justes faites par l'auteur. Ici encore la critique a été sévère et à juste titre. Hennequin conclut (4) que « sous l'impérieux flux de paroles, l'on découvre le cours mince et lent de la pensée, la psychologie rudimentaire des personnages, l'impuissance des descriptions à montrer les choses, l'humanité et le monde réel presque exclus de cent mille vers et de cent mille lignes ».. et Renouvier, plus indulgent à l'ordinaire, est obligé de reconnaître le manque d'observation qui éclate dans ses romans et dans son théâtre, où il signale « les passions et les personnages poussés à l'énorme et au merveilleux, les événements au fictif, l'énergie confinant à la charge, le sublime au ridicule, et l'intérêt dramatique détruit chez le spectateur par le *sentiment du faux* ».

Mais la valeur intellectuelle de l'œuvre de V. Hugo a une trop

(1) Ouvrage cité, p. 90.
(2) Renouvier. V. Hugo le poète, p. 95.
(3) L'évolution littéraire dans les diverses races humaines, p. 512.
(4) Quelques écrivains français. Perrin et Cie, éditeurs, p. 123.

grande importance dans notre étude pour que nous nous en tenions là. Il est possible que le poète n'ait pas su construire un caractère, rendre une impression exacte, parce que le tempérament puissant que nous lui connaissons ne lui laissait pas la patience nécessaire à ces sortes de travaux. Parce qu'il fut grand poète, parce que son esprit extrêmement émotif ne pouvait s'astreindre à la marche logique des idées, son intelligence pouvait cependant être capable d'une complexité qui passa inaperçue, faute d'avoir été patiemment analysée par lui.

Que faut-il donc entendre par suite logique des idées ? On a parfois confondu les rapports logiques avec les rapports verbaux, et cette confusion s'explique facilement, car le signe verbal semble être parfois seul dans la conscience, sous une forme visuelle motrice ou auditive. Mais, en réalité, ce terme général qui constitue le mot est en rapport avec tout un savoir potentiel disséminé dans les diverses régions du cerveau ; les perceptions élémentaires, localisées ainsi en des territoires distincts, sont unies entre elles par des fibres d'association, et toutes sont unies de la même façon avec l'image verbale, qui est comme leur signe de ralliement. Suivant les habitudes acquises ou suivant des aptitudes héréditaires tenant au développement supérieur d'une région cérébrale, le signe verbal éveille plus facilement un certain ordre de perceptions élémentaires, mais les associations avec toutes les autres n'en existent pas moins, et feront surgir telle ou telle image suivant les besoins de la cause. Plus ces images seront nombreuses dans chaque territoire cérébral, plus le savoir potentiel sera grand ; et celui-ci exige évidemment comme condition anatomique un développement correspondant dans la région cérébrale qui lui est affectée. Plus les fibres d'association seront multipliées, plus le mot sera capable d'éveiller des images différentes, dans toutes les régions qu'elles mettent en relation. On conçoit toute l'importance de leur rôle, et on sait que leur infinie multiplication est ce qui caractérise le plus nettement le cerveau des animaux supérieurs. Plusieurs conditions sont donc nécessaires pour qu'un esprit soit capable de logique et de vérité : multiplicité des perceptions élémentaires de tout ordre, multiplicité des connexions entre elles. On peut conclure, avec M. Manouvrier : « Le nombre et la complexité des images ou groupes d'images associées dont la réapparition constitue la mémoire effective ; le nombre et la complexité des groupes excités dans la réflexion ; le nombre et la complexité des groupes d'images dont la confrontation constitue la raison... tout cela est en relation nécessaire avec le nombre et la complexité des éléments cérébraux et par suite avec la supériorité cérébrale quantitative » (1).

Cette forme logique n'est nullement incompatible avec la poésie.

(1) Essais sur les qualités intellectuelles, in *Rev. mens. de l'Ecole d'Anthropologie*, 15 mars 1894.

On sait avec quel soin Racine écrivait en prose la trame de ses tragédies; et la vérité des sentiments, la finesse de sa psychologie tiennent certainement à cette analyse réfléchie, qui était comme le dessin qu'il avivait ensuite avec les couleurs délicatement nuancées de son imagination ; on peut à bon droit soupçonner d'une certaine infériorité cérébrale l'homme qui, dans le silence du cabinet, n'a jamais su user de cette méthode logique, la seule en somme, comme le prétendait déjà Descartes, qui puisse nous conduire à cette évidence parfaite qui s'impose à une longue réflexion. Cependant ce n'est pas toujours avec cette clarté que ces rapports complexes sont perçus ; le cœur a des raisons que la raison ne connaît pas, disait Pascal, qui a laissé de si nombreux exemples de ces « raisonnements presque instantanés, bien que très complexes parfois, où des vérités apparaissent distinctement à la conscience avec leurs preuves et leurs conséquences, le tout formant un ensemble tellement considérable qu'un long discours parvient à peine à l'exprimer » (1). Ces intuitions, résultats d'un travail parfois énorme de la pensée subconsciente, n'offrent certainement pas les mêmes gages de vérité que les raisonnements clairs, car une multitude de motifs ayant une source purement subjective et émotionnelle viennent peser plus qu'il ne faudrait sur les conclusions. Mais comme c'est la forme qui se prête le mieux, comme nous le verrons plus loin, à l'expression poétique, il est certain que c'est elle qui est habituelle à V. Hugo ; seulement nous venons de prouver qu'elle est parfaitement compatible avec une très grande complexité ; or on peut chercher dans ses œuvres des idées vraiment nouvelles, des pensées profondes, comme il en échappe à un Schiller, à un Goethe ou à un Pascal, ce sera en vain. Et ce sentiment de faux que Renouvier signalait dans son théâtre et ses romans, éclate dans la plupart de ses pièces lyriques, même les plus célèbres comme la Tristesse d'Olympio, si inférieure à la poésie pénétrante du Lac de Lamartine, dont le sujet est identique. S'il avait eu beaucoup de ces sentiments complexes et vrais, il aurait bien su les rendre avec tous leurs caractères, lui que personne n'a peut-être égalé dans le génie de l'expression.

IV

Comme je m'étais pour ainsi dire donné la tâche de concilier les qualités intellectuelles de V. Hugo avec le volume de son cerveau, je me suis imposé la règle à peu près constante de prendre chez les critiques les plus autorisés les jugements qu'ils ont émis en cette matière. Non seulement ils ne peuvent être taxés de parti pris, mais ils sont, à part Hennequin, des admirateurs passionnés

(1) Manouvrier. Sentiments et connaissances *Rev. de l'École d'Anthropologie*, juin 1895, p. 207.

du poète, pleins de respect pour son génie. Il est d'ailleurs facile, en profitant de leur travail, de contrôler le bien fondé de leurs jugements. Donc mon rôle a consisté surtout à interpréter ceux-ci et à montrer combien ils cadraient avec les données biologiques. Mais si la faiblesse du penseur est tout à fait en accord avec le volume médiocre du cerveau, il nous reste à concilier cette infériorité avec les qualités poétiques extraordinaires de la pensée et de l'expression.

Ces qualités sont faciles à spécifier d'après la définition de Steinthal. Presque toujours dans la perception d'un objet extérieur ou dans celle des signes spontanés qui expriment un état interne, il y a des notes discordantes qui affectent péniblement notre sensibilité. L'art a pour but dans la représentation de ce monde réel, de corriger ces désaccords, et de créer ainsi un monde idéal où la perception même d'un spectacle douloureux serait agréable. Ce n'est pas ici le moment de s'étendre sur cette question, mais on peut voir combien il serait facile de faire cadrer avec cette interprétation toutes les définitions en apparence contradictoires qu'on a données de l'art. Qu'il me suffise de faire remarquer que la joie étant un sentiment agréable qui se traduit par une expression ordinairement agréable, est un sujet où l'art a pu rarement atteindre une grande élévation, puisqu'il n'avait guère qu'à imiter la réalité avec fort peu de corrections. Au contraire, il montre toute sa puissance quand il s'agit d'un sentiment douloureux dont les signes spontanés nous sont ordinairement pénibles, soit par assocation d'idées, soit pour toute autre cause que je n'ai pas à rechercher ici. Or cette expression, dans sa représentation artistique, doit être assez vraie pour nous suggérer le sentiment douloureux dans toute sa vivacité, et elle doit, par ses qualités propres, nous causer un plaisir d'autant plus intense que le sentiment suggéré est douloureux. L'œuvre d'art fait ainsi naître en nous deux sentiments contradictoires et simultanés, sorte de chatouillement interne, qu'on me passe l'expression, qui constitue la plus puissante émotion artistique dont l'homme soit capable.

Quelles sont en poésie les conditions principales de cet agrément dans l'expression ? sa qualité primordiale est d'être concrète, synthétique, et cela pour deux raisons. Comme elle se propose d'exprimer la plupart des émotions, on a remarqué depuis longtemps que l'analyse les fait disparaître ; la forme concrète est donc ici une condition de vérité. De plus, l'analyse exige un effort toujours pénible et par cela même antiesthétique. C'est cet effort qui explique sa tardive apparition, et on sait que la pensée reste concrète chez des enfants, les peuples primitifs, dans toutes les langues anciennes ; les données psychophysiologiques que nous avons exposées plus haut sur la nature de l'idée générale l'expliquent fort bien. Si je m'exprime en termes abstraits, chacun d'eux, pour ne pas rester une forme vide, un signe sans valeur, doit éveiller les perceptions élémentaires qu'il commande dans les diverses régions du cerveau, les mettre du moins dans un état de conscience tel qu'on ait un sentiment confus de leurs tendances diverses. On comprend qu'il en résulte un travail cérébral intense et par là pénible que l'art doit éviter. Et il le fait en substituant à cet ensemble une image concrète localisée en une seule région du cerveau, et par là perceptible sans effort. Mais comme *cette substitution ou cette comparaison n'est jamais absolument juste, on devra la répéter sous les formes les plus variées*, pour arriver à une équivalence à peu près complète entre la pensée et l'expression. C'est ainsi qu'outre les comparaisons et les métaphores proprement dites, le poète se sert de la cadence du vers, de l'harmonie générale et imitative des mots, de la rime, de toutes ces images et de tous ces rapports d'images visuelles, auditives et motrices qui constituent ce qu'on entend par style, et qu'il nous est impossible d'énumérer dans cette rapide esquisse. En résumé, une phrase poétique, une strophe, une pièce entière ne sont qu'une suite d'images et de rapports d'images concrètes et agréables, capables de suggérer tous les attributs de l'idée, toutes les nuances de l'état interne qu'on désire objectiver, et qui reste le centre d'attraction, le lien toujours présent de cet ensemble varié. Or il n'en est pas ainsi chez V. Hugo, et c'est là un point capital de notre critique. L'idée qu'il veut exprimer, conçue sous une forme très simple, est *assimilée* à une image concrète qui devient le centre du développement, la cause à peu près unique de toutes les associations d'images.

Comment se fait cette assimilation ? On sait que tous les noms étaient à l'origine des termes concrets, désignant les objets par la qualité qui avait le plus fortement frappé les intelligences confuses des peuples primitifs ; une multitude d'objets dont les différences passaient inaperçues étaient ainsi confondus sous un même terme qui les identifiait. Ce même défaut d'analyse, cette incapacité de distinguer des différences qui nous choquent maintenant, a produit ce qu'on a appelé le raisonnement mythique dans lequel on assimile des objets inertes à des êtres vivants. On ne fait encore que retenir un caractère unique, plus saillant que les autres, par exemple le mouvement des ruisseaux, du vent, des astres, dont on fait des êtres animés, assimilation qui avait encore l'avantage de donner une explication de ce principal attribut. Les premières lois physiques ou morales ont subi la même transformation, et l'imagination prêta à ces êtres fictifs toute une histoire, en perdant de vue leur origine. L'esprit de V. Hugo suit très souvent une marche analogue : veut-il peindre le passé de l'humanité, il le voit sous la forme du Leviathan monstrueux, moitié hydre, moitié vaisseau, qui prend la place de l'ensemble complexe dont il devait parler, ce qui simplifie singulièrement la besogne, si on se place au seul point de vue intellectuel. Je pourrais multiplier indéfiniment les exemples ; il me suffit de montrer que si la forme poétique exige l'emploi de ces assimilations partielles qu'on appelle comparaisons et métaphores, pour les raisons que nous avons exposées précédemment, elle ne demande pas à l'intelligence de suivre une marche contraire à la logique, à la vérité, à l'intelligence elle-même.

Cette tendance à l'extrême simplification se retrouve dans une autre forme de pensée chère à V. Hugo. Je veux parler de l'antithèse. Non seulement il affectait l'opposition brutale de deux attributs, de deux objets, mais on a fait remarquer depuis longtemps que des poésies entières, et même tout un drame ne sont que des antithèses développées ; il en est de même de la plupart de ses personnages les plus célèbres, qui ne nous paraissent grands que parce qu'ils forment un bloc immuable en deux parties. En fait nous retrouvons ici la contrepartie du raisonnement mythique. Celui-ci négligeait toutes les différences au milieu desquelles il n'apercevait que l'attribut semblable qui conduisait à l'identification totale illégitime ; ici l'esprit néglige les ressemblances, les formes de passage entre deux termes distincts, toutes ces nuances complexes et délicates qui rapprochent ce qu'une vue superficielle avait trop violemment opposé, et c'est bien là une caractéristique de la mémoire de V. Hugo. On a noté quelles images revenaient le plus souvent dans ses œuvres, et Mabilleau, qui a longuement insisté sur ce point, reconnaît que « tout ce qui exprime la résistance, la netteté, la particularité des figures matérielles convient à la sensibilité vigoureuse et sanguine de V. Hugo (1) ». Ailleurs il constate qu'il retient peu les couleurs, que les effets de lumière les plus heurtés sont les seuls dont il tienne compte. Toutes ces remarques sont fort justes, et nous pouvons les résumer d'un mot : V. Hugo ne retenait que les caractères les plus saillants, comme il n'a guère compris que les lieux communs les plus répandus.

En résumé, le contingent de perceptions élémentaires qu'est susceptible de réveiller un terme général était très faible chez V. Hugo, et les rapports logiques entre ces termes, qui doivent être le reflet des relations externes correspondantes, manquent le plus souvent, aussi bien dans sa prose que dans ses vers, et c'est là l'origine de ce sentiment de faux qu'on éprouve devant ses œuvres. Enfin, ces antithèses forcées, et qui opposent trop violemment deux idées, ce raisonnement mythique qui en identifie d'autres illégitimement, renforcent encore cette impression. Si sa pensée a pris toujours pour s'exprimer la forme la plus agréable, celle qui demande le moins d'efforts, la plus esthétique, en un mot, nous avons vu que cette forme n'exige pas nécessairement cette simplification excessive qui tient à la nature même de son intelligence.

On connaît au contraire la richesse extraordinaire de sa mémoire verbale ; nul peut-être n'a eu à sa disposition un vocabulaire

(1) Mabilleau. Ouv. cité, p. 126.

aussi étendu et c'est ce nombre qui a fait illusion sur la richesse du fond. D'une façon générale la richesse d'une langue est sans doute en rapport avec celle des idées ; mais ce n'est vrai que lorsqu'il s'agit d'une population entière qui s'est créé les moyens d'expression dont elle avait besoin. Il en est pas de même d'un individu qui apprend des mots et en fixe d'autant plus que ses aptitudes nécessaires sont plus développées. Nous avons vu plus haut que les associations par images concrètes avaient remplacé les associations logiques ; nous allons constater ici le même phénomène à propos des images verbales. Le mot « trouvant toujours le sens comme l'eau le niveau » (1), prend chez lui une importance capitale sur laquelle nous n'insisterons pas, car elle a été partout signalée. Cette mémoire spéciale est donc la seule qui ait acquis chez V. Hugo un grand développement, de telle sorte que les seules régions cérébrales qui répondent à cette fonction devaient avoir un volume considérable. Bien entendu qu'il ne faudrait pas, avec Hennequin, localiser ce développement à la troisième circonvolution frontale. La mémoire visuelle jouait un grand rôle dans son langage intérieur, il écrivait tout lui-même, et la disposition sur le papier avait pour lui une grande importance, ce qui prouve sa sensibilité à ce *rythme oculaire* dont parle quelque part Th. Gautier. Mais si l'on songe à toutes les qualités extraordinaires de rythme et d'harmonie que révèlent ses vers, on reconnaîtra que le centre auditif devait être prépondérant. Faisons remarquer, en passant que l'horreur du poète pour la musique ne vient nullement infirmer ce développement du centre auditif. Celui-ci était simplement accaparé tout entier par la fonction qu'il remplissait dans une versification presque continuelle.

Nous n'avons analysé que l'intelligence et l'imagination du poète. Il sera facile d'expliquer ses autres qualités poétiques ou morales par la puissance de son tempérament, auquel se rattachent plus particulièrement l'intensité des images, le grossissement fantastique des conceptions, l'outrance des sentiments, son égoïsme, son orgueil même ; ce dernier cependant trouve sa principale explication dans la forme de son intelligence : l'expression étant infiniment plus riche que l'idée, il devait éprouver devant ses œuvres une satisfaction qu'ignore le penseur véritable incapable de rendre complètement tout ce qu'il pense.

Il a suffi à l'anthropologiste de dégager les principales aptitudes de V. Hugo et de démontrer qu'elles répondaient aux conditions anatomiques qu'expriment ses mensurations et à la formule biologique qu'une induction, suffisamment appuyée sur ces dernières, semble-t-il, avait permis d'établir tout d'abord.

(1) V. Hugo. Les Contemplations.

Clermont Oise). — Imprimerie Daix frères, 3, place Saint-André.

www.ingramcontent.com/pod-product-compliance
Lightning Source LLC
LaVergne TN
LVHW050512160826
845677LV00003B/1096

* 9 7 8 2 3 2 9 6 3 3 6 5 7 *